Edith Sassen

Platt löppt

Edith Sassen

Platt löppt

För de Lütten 1

ISENSEE VERLAG
OLDENBURG

Idee und Konzeption: Edith Sassen
Bilder: Lena Sassen, Edith Sassen

Bibliografische Information der Deutschen Bibliothek
Die Deutsche Bibliothek verzeichnet diese Publikation in der Deutschen Nationalbibliografie; detaillierte bibliografische Daten sind im Internet über <http://dnb.ddb.de> abrufbar.

ISBN 978-3-7308-1513-7

Gedruckt bei Isensee in Oldenburg

Vorwort der Autorin zur Idee und Konzeption

Plattdeutsch ist eine eigenständige Sprache und ist ein besonders schützenswertes Kulturgut. Und: „Twee Spraken sünd mehr as een !“

Plattdeutsch in der Schule zu unterrichten ist heutzutage eine große Herausforderung.

Heute haben immer weniger Menschen und insbesondere immer weniger Kinder Kontakt zum Plattdeutschen. In einigen Regionen ist das Plattdeutsche fast ganz zum Erliegen gekommen. Viele Kinder verstehen noch Plattdeutsch (passiver Wortschatz), aber das Sprechen der plattdeutschen Sprache können viele eben nicht mehr.

Wo muss nun der Unterricht in der plattdeutschen Sprache ansetzen ?

Meine Ideen für dieses plattdeutsche Lehrwerk „Platt löppt för de Lütten 1“ entstand vor dem Hintergrund der Didaktik und Methodik des kommunikativ-handelnden Ansatzes aus dem Fremdsprachenunterricht mit dem Schwerpunkt Englisch. Ich unterrichte seit vielen Jahren Englisch in der Grundschule mit den allerneuesten Lehrwerken. Ich meine zu wissen, wie Sprache in der Grundschule den Kindern nahegebracht werden kann. Und mit diesem riesigen Erfahrungsschatz und dass ich Muttersprachlerin des Plattdeutschen bin, fiel es mir nicht schwer, dieses Lehrwerk zu entwickeln.

Zur Konzeption

1. Ein Fünfsäulenmodell wird hier in Ansätzen sichtbar. In der ersten Stunde wird zu einem Themengebiet ein Wortschatz mit Hilfe von Bildkarten eingeführt. Vielfältige Übungen werden dazu angeboten. Meistens müssen zwei Seiten im Arbeitsbuch bearbeitet werden. Evt. wird noch ein Lied zur Festigung des Wortschatzes nach einer bekannten Melodie gesungen.

2. Es folgen Übungen zur Festigung des Wortschatzes in der 2. / 3. Stunde.

3. Hinter den Röög-di-Geschichten in der 2. / 3. Stunde steht eine besondere Methodik. Hier wird über und mit Bewegung Sprache transportiert.

4. In der 3. / 4. Stunde folgen meistens kleine Geschichten, die so angelegt sind, dass sie gespielt werden können. Fehlt diese Geschichte, werden kleine Dialoge vorgespielt unter dem Thema „Snacken“. Manchmal folgt dann noch ein unvollständiges Malbild. Beschäftigen sich die Kinder damit, dann können sie das erzählen, was sie dazu malen. Das sollte immer in Form eines Kleinvortrages vor der Klasse passieren. Der Lehrer ist hier immer Helfer und Unterstützer.

Wenn man bereit ist, sich auf dieses Konzept einzulassen, dann wird man einen sehr lebendigen Unterricht erleben, wo die Kinder überwiegend motiviert mitarbeiten, denn es ist so, wie es heißt: „Platt löppt“

Scharrelerdamm 2019 Edith Sassen

Platt löppt för de Lütten 1   1. Schooljohr

Wat dor in is:

Erarbeitet von
Edith Sassen,
Lehrerin

Die Rechtschreibung orientiert sich an das Wörterbuch „der neue Sass“ , 7. Auflage aus dem Jahr 2013. Manchmal wurde auch das Online – Wörterbuch „platt-wb.de“ der Ostfriesischen Landschaft zu Rate gezogen. Es gibt keine standardisierte Sprech- und Schreibweise im Plattdeutschen und das macht den Reiz dieser Sprache aus. Verschriftlichung bedeutet aber, dass man sich an etwas orientieren kann. Seien Sie mutig und passen Sie die hier benutzte Rechtschreibung an das in Ihrer Gegend übliche Platt an und nutzen Sie die dortige Schreibweise.

Idee und Konzeption von Edith Sassen

Illustrationen von L. und E. Sassen

Großen Dank an
Ingeborg Remmers, Lehrerin, für deine enorme Unterstützung und
Carina Robbers, Lehrerin, für deine Erprobung dieses Konzepts in der Praxis.

Scharrelerdamm 2019

Un du ?

	Ik bün ___________

Lex 1

II : Moin, Moin, nu sünd wi dor.: II (wippen, Knie leicht durchbiegen,)
Wi hüppt so as en Gummiball. (hüpfen)
Wi hüppt hier un överall. (hüpfen)
Dann kruupt wi heel sacht. (auf der Stelle schleichen andeuten)
Dann dreiht wi us in´n Kring. (sich drehen)
Moin, Moin. Moin, Moin. Moin, Moin. Moin, Moin. (klatschen 4 x)
Nu sünd wi all dor. (klatschen 3 x)

Hurra. Hurra. Hurra. (Hände öffnen und so machen, als wenn man einen Ball fängt)

Moin, Moin, leve Lüüd, (kla, pa, kla, pa)
fein, dat ji dor sünd. (kla, pa, kla, pa)
Hallo. Hallo. (nach links winken, nach rechts winken)
Hier is vondoog* de Boor los. (Hände übereinander rollen, Arme nach vorne bewegen, so machen als wenn man einen Ball fangen will)

*vundaag

De Anfang:

(Die Kinder gehen in einen Stuhlkreis.)

1.

Ik heet Finn.

Wo heetst du ?

(Finn spricht jeden an und sagt: Du heetst seker Mimi, Fu, Patty, Tommy, Fred, Mona, Tim, Fiona, Agathe, Dora, u.s. w) Alle lachen.

Ik heet Fro Schmitt. (Lehrer/in beginnt)

Wo heetst du ? (Schüler/in sagt den Namen und die Frage)

2. (Ein Stuhl ist frei.)

De Stohl is free.

_____________ (Name) **kumm her.**

(So als: Mein rechter, rechter Stuhl ist frei, ich wünsche mir _____herbei.)

1. Stunde

Tahlen un Farven

Lex 1

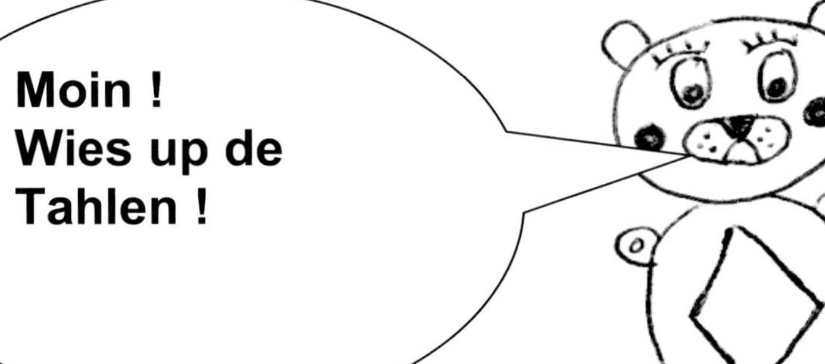

1. Mit Hilfe von Bildkarten (DIN A 6) mit den Zahlen1 bis 4 evt. schon 5 und 6 werden die Zahlen eingeführt. Der Lehrer zeigt die Zahl, sagt die Zahl, Kinder wiederholen (Zahl oft vorsprechen und nachsprechen lassen und der Lehrer befestigt die Karte an der Tafel. Die nächste Zahl kommt dann. Nach jeder neuen Zahl werden die vorherigen Zahlen wieder gesprochen. Intensiv einüben. Das Buch aufschlagen. Der Lehrer sagt die Zahlen durcheinander. Die Kinder zeigen darauf und sagen die Zahl. Zeitverzögert zeigt der Lehrer auf die richtige Zahl. Kinder überprüfen. Zuletzt malen die Kinder die Zahlen an und schreiben sie unten auf.

1 1 ________________________________

2 2 ________________________________

3 3 ________________________________

4 4 ________________________________

1. Stunde

Lex 1

1. Der Lehrer sagt die Zahl, die Kinder sagen die Zahl und zeigen darauf. (Sehr oft machen !) Der Lehrer zeigt zeitverzögert darauf. 2. Partnerarbeit: Einer zeigt auf die Zahl und das andere Kind sagt die Zahl. Dann wird gewechselt. 3. Die Zahlen anmalen.

1. **De Farven** **Lex 1**

Zahlen wdh. Mit Hilfe von Farbkreisen aus Tonpapier (Durchmesser 10 cm) führt der/die Lehrer/in die Farben ein. (Farbkreis zeigen, der Lehrer sagt die Farbe, Kinder wdh., an der Tafel befestigen, darauf zeigen, Farbe sagen, Kinder sprechen nach, immer alle Farben vorher vorsprechen, nachsprechen lassen, wdh., sehr oft machen. Dann wird das Buch aufgeschlagen und der Lehrer sagt eine Nummer und die Kinder malen den Bauch in der Farbe an, den der/die Lehrer/in sagt. (root, geel, gröön, blau, swart, witt). Zuerst können die Kinder nur einen Strich hinein machen und später anmalen. 2 x wdh.

2.

Geev mi root.
Geev mi gröön.
Geev mi blau.
Geev mi geel.
Geev mi witt.
Geev mi swart.
Dat is kien Katt.

2. Das ist ein Sprechgesang: pa, pa, kla, Pause. Diesen Rhythmus zuerst einüben, dann dazu sprechen.

2. Stunde

Der Lehrer sagt: De Boor mit de Nummer 1 is root. De Boor mit de Nummer 3 is geel, usw. Sehr langsam sprechen. Evt. zuerst nur Striche in der Farbe darin malen lassen. Alles noch einmal sagen. Dann ausmalen. Überprüfen.

Röög-di-Geschicht

Lex 1

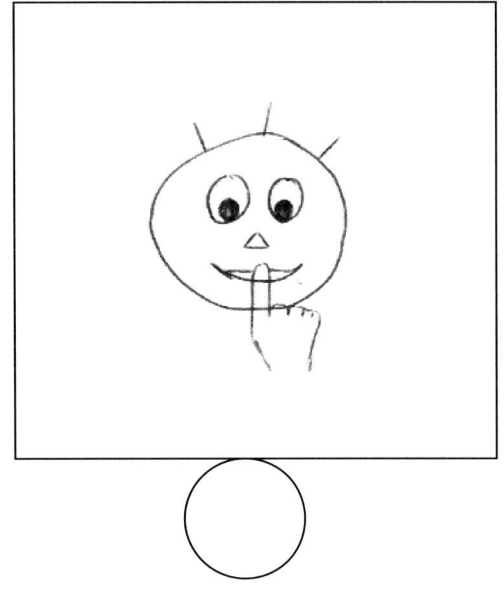

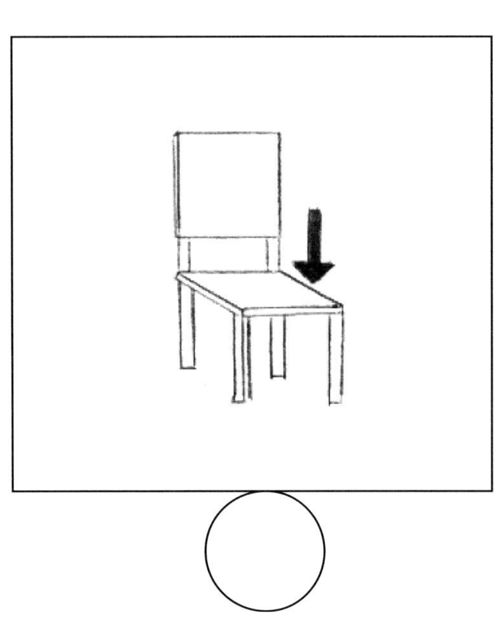

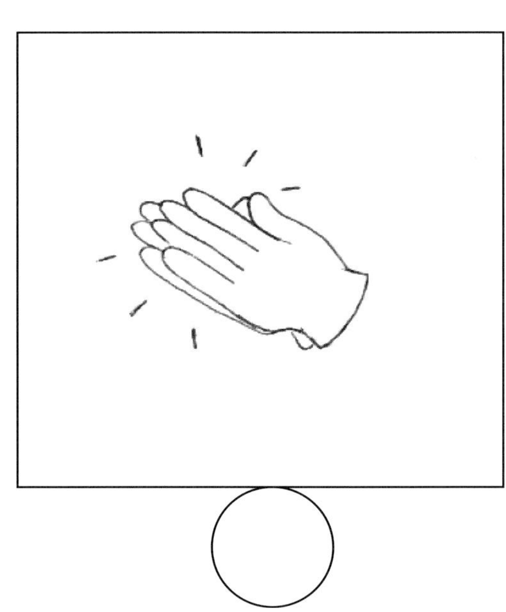

1. Ik mutt still ween. (2)
2. Ik stah up.
3. Ik sett mi hen. (4)
4. Ik do mi mellen. (3)
5. Ik klatsch in´e Hannen. (1)

Die Bilder liegen nicht vor den Kindern. Wichtig: Keine Geräusche machen.
Alle Kinder stehen hinter ihrem Stuhl. Die Sätze werden gesagt und die Bewegung wird dazu gemacht. Der Lehrer macht das vor und spricht, dann machen alle die Bewegung und sprechen nach. Die Sätze geben die Bewegung vor. Auch durcheinander sagen. Viel üben ! Das Heft wird aufgeschlagen. Der Lehrer sagt den Satz (nacheinander). Die Kinder zeigen auf das Bild und sagen den Satz. Dann auch durcheinander sagen und zeigen. Dann sagt die Lehrkraft Nr. 1 ist: Ik klatsch in´e Hannen. Die Kinder tragen unter das Bild die Nummer 1 ein, usw. Alles nochmals wiederholen! Das ist wichtig. An der Tafel wird die Lösung besprochen. Nummern anschreiben und kontrollieren.

Lex 1

1. Der/die Lehrer/in sagt: Dat Schipp Nummer 2 is root, usw. Maal dat an ! Dann können die Kinder das Bild noch weiter anmalen und weitere Dinge dazu malen.

2.

2. Der Lehrer sagt das. Die Körperteile evt. auf Hochdeutsch, aber die Farben auf Platt. Die Kinder malen.

De Buuk is gröön.
De Kopp is geel.
De Ohren sünd root.
Sien Poten sünd swart.
Sien Fööt sünd blau.
De Snuut is bruun.

3. Stunde

Snacken

Lex 1

Piet: Moin.
Sandra: Moin.
Piet : Geev mi en grönen Schriever.
Sandra : Hier hest den.
Piet: Geev mi en gelen Schriever.
Sandra: Hier hest den.

1. Zuerst den Inhalt auf Plattdeutsch und/oder Hochdeutsch erzählen.
2. Ein grüner und ein gelber Stift werden bereit gelegt.
Zwei freiwillige Kinder werden nach vorne geholt. Die Lehrkraft spricht den Kindern den Text vor. Immer nur so lange Teile des Satzes sagen, dass die Kinder sich das merken und nachsprechen können. Sie spielen mit dem Material (Stifte). Nochmals spielen ! Dann werden die Rollen getauscht.
3. Am Ende wird applaudiert und vom Lehrer/in ein großes Lob verteilt. Das ist wichtig für die Motivation.
4. Trauen sich die Kinder nicht, spielt der Lehrer das mit dem Bären Finn vor. Ansonsten auch Finn mit einem Kind.

Snacken

Marie: Geev mi dree Bontjes !

Patrick: Hier hest de.

Marie: Geev mi veer Bontjes !

Patrick: Hier hest de.
Un ik ?

(Der Lehrer/ die Lehrerin bringt Bonbons mit. Ablauf: siehe oben. Die Bonbons werden am Ende der Stunde an die Kinder verteilt.)

Lex 1

1. Der Lehrer fragt die Kinder: Wo vele Schrievers sünd dat ? Usw.
2. Der Lehrer sagt: Maalt de Scheep gröön an, usw. (Klocken, Een, Tween, Dreen, Finns)

Zuerst werden diese Schulsachen mit Hilfe von Bildkarten (DIN A 5) eingeführt. Die Bildkarte zeigen, das Wort sagen, die Kinder wdh., die Bildkarte an der Tafel befestigen, darauf zeigen, das Wort sagen. Nach jedem neuen Wort alle vorherigen Wörter wdh. und nachsprechen lassen.
Öfters wdh. Sprechtempo verlangsamen und steigern. Dann schlagen die Kinder das Buch auf. Die Lehrkraft sagt die Wörter. Die Kinder zeigen auf die Bilder und sagen das Wort. Zeitverzögert zeigt die Lehrkraft die Lösung. Sehr oft machen. Zuletzt nehmen die Kinder ihren Bleistift. Der Lehrer sagt eine Nummer und eine Schulsache. Die Schüler tragen die Nummer ein. Am Ende nochmals wiederholen.
Überprüfen. Evt. die Bildkarten so aufhängen und die Nummern dazu schreiben oder mit der Kamera überprüfen. Der Lehrer zeigt die Lösung. Alternative: Lösungsheft auslegen.
Die Kinder malen die Schulsachen an oder der Lehrer sagt die Farben dazu.

1.

Lex 2

Leed: (Melodie nach Bruder Jakob, mündlich überliefert aus Lothringen)

1.
II: In mien Schooltasch
II: dor is in
II: Klever un Böker
II: is allens dor.

2. Scheer un Feddermapp
3. Bleistiften* un anner Schrievers

*Bleesticken, Bliesticken

2.

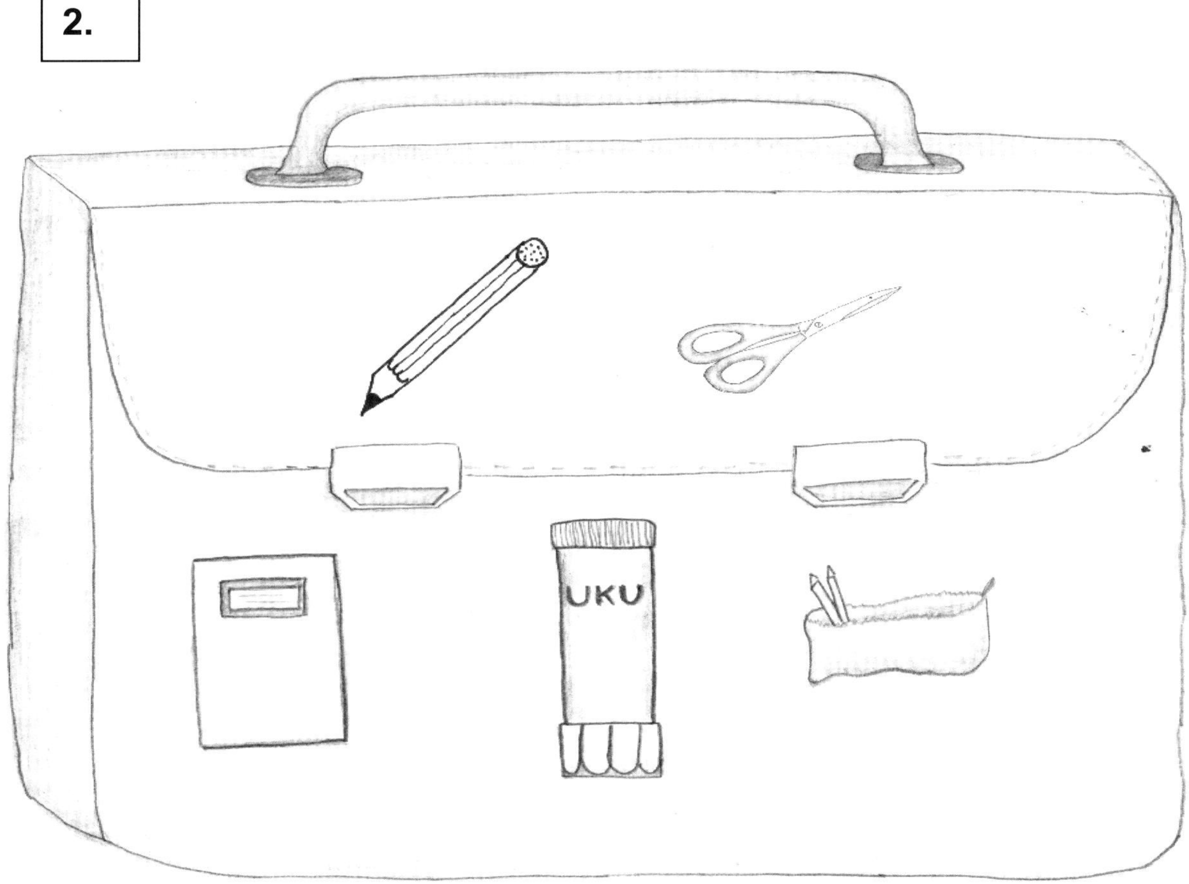

Röög-di-Geschicht

Lex 2

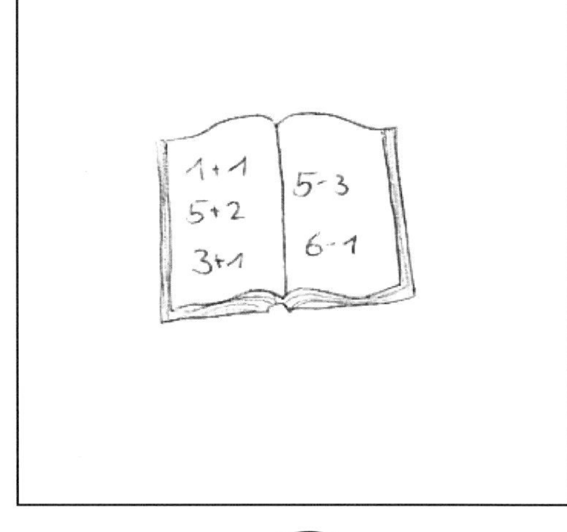

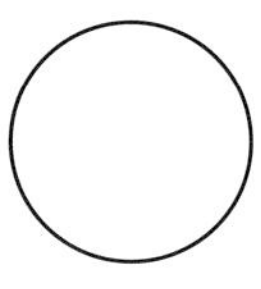

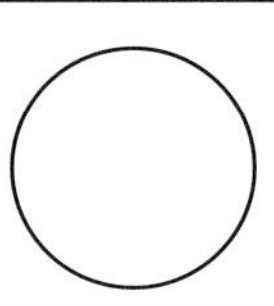

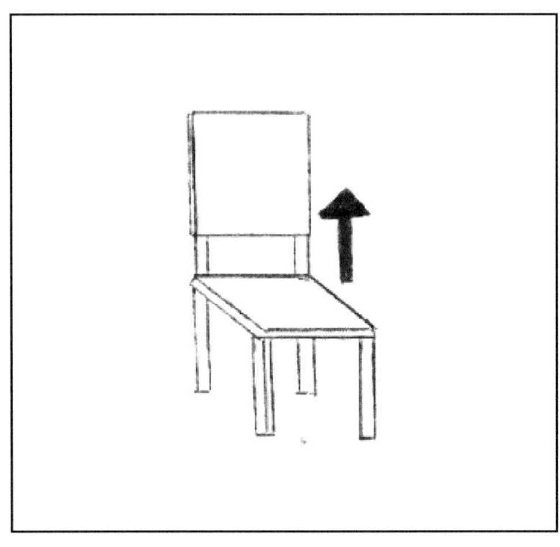

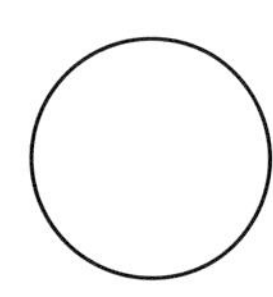

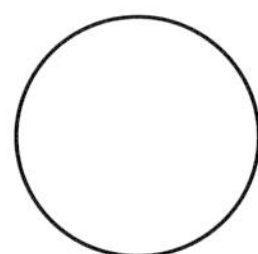

1. **Ik stah up. (3)**
2. **Ik sett mi hen.**
3. **Ik do mi mellen**
4. **Ik mutt still ween.**
5. **Ik schriev. (2)**
6. **Ik reken. (4)**
7. **Ik klatsch in´e Hannen.**
8. **Ik speel Football. (1)**

(siehe S. 8, Dann macht der Lehrer/die Lehrerin noch folgende Übung: Er/sie macht nur die Bewegung vor. Die Kinder sagen den Satz. Das ist sehr schwer. Oder: Der Lehrer/die Lehrerin oder ein Schüler/eine Schülerin sagt nur den Satz und die Kinder machen die Bewegung und sagen den Satz.)

1. Übung

Lex 2

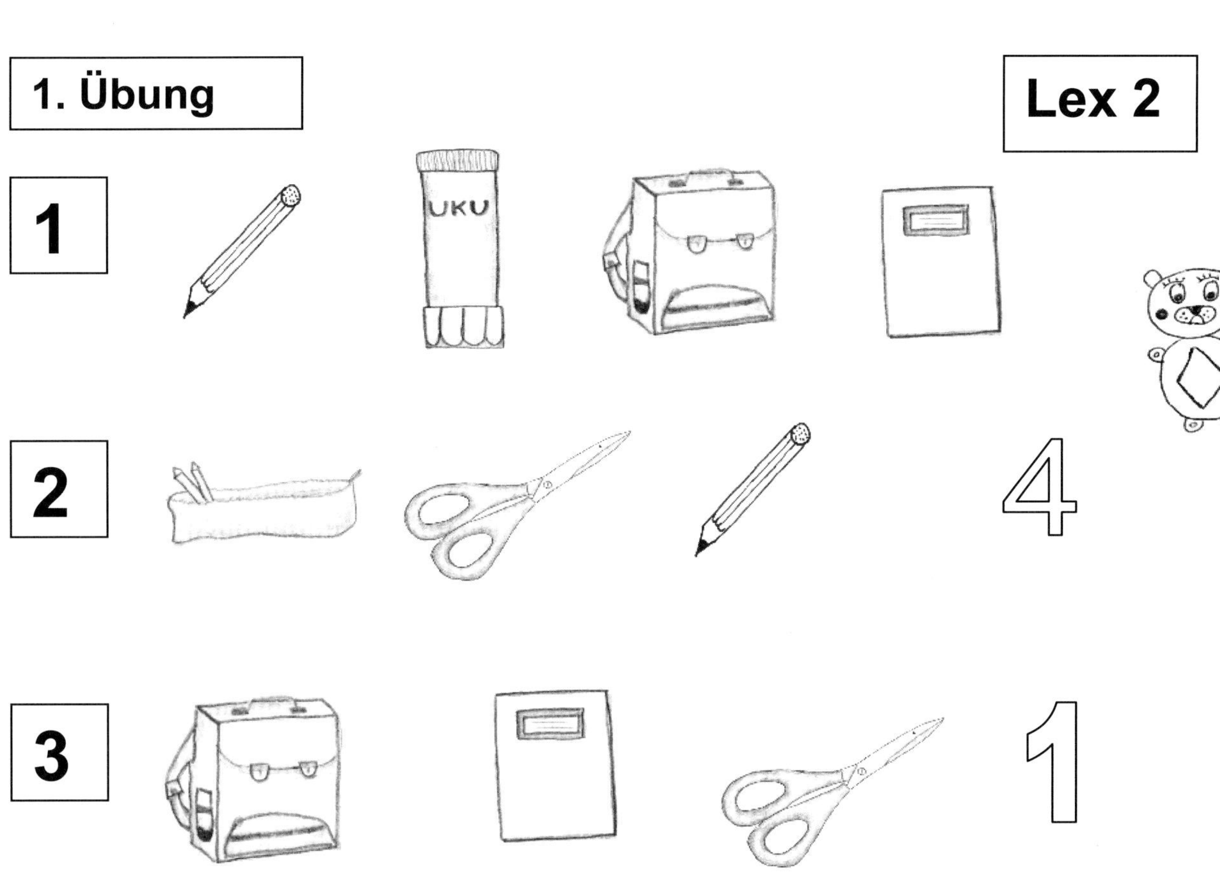

1. Zuerst werden die Reihen aufgesagt.
2. Der/die Lehrer/in sagt, was wie angemalt werden soll in jeder Reihe.

2. Übung

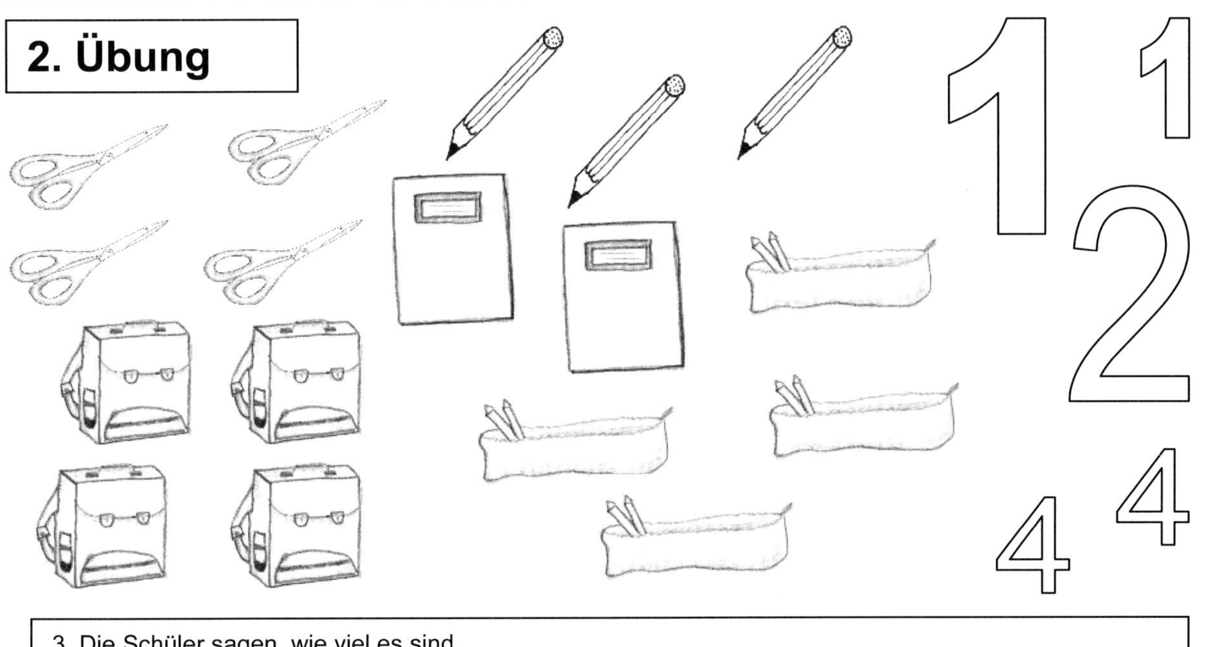

3. Die Schüler sagen, wie viel es sind.

1.

Lex 2

Moin.

1 4 2 3

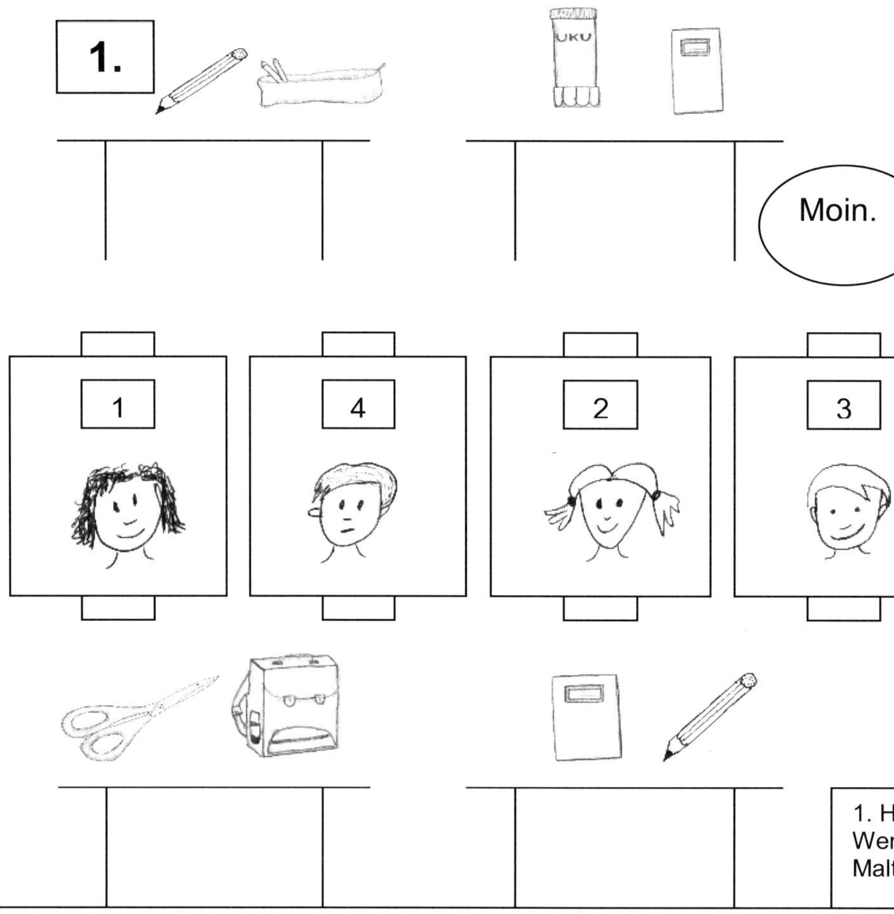

1. Hört zu !
Wem gehört was ?
Malt Linien!

2.

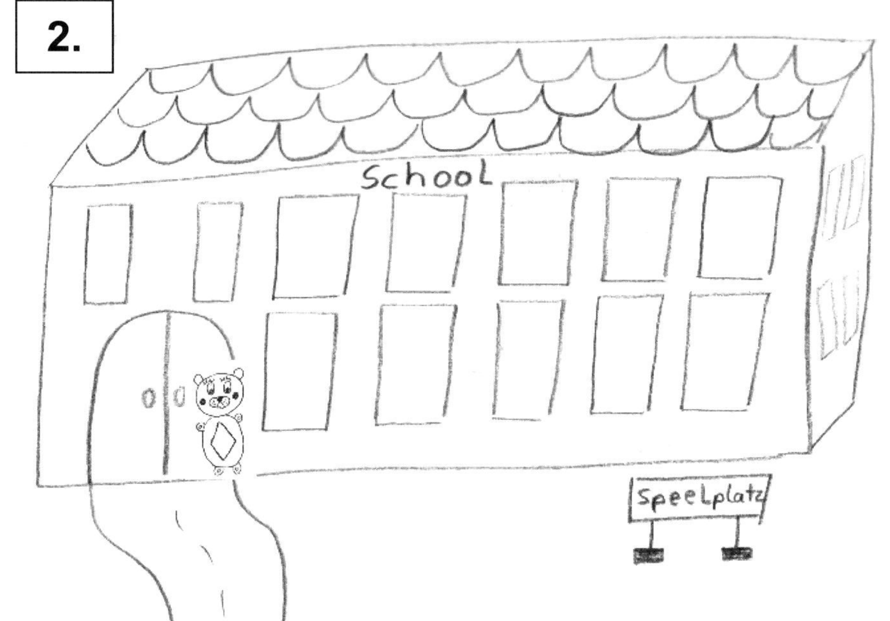

2. Malt den Spielplatz fertig.

Snacken

Sandra : Ik hebb en Schooltasch.
Un du ?
Tommy: Ik hebb en Schooltasch un en Bleistift*.
Sandra: Ik hebb en Schooltasch, en Bleistift* un en Klever.
Tommy: Ik hebb en Schooltasch, en Bleistift*, en Klever un en Scheer.
(Book, Feddermapp)

(siehe S. 10)
*Bleesticken, Bliesticken

Snacken

Susi: Maal den Schriever root an !
Till: Jo, dat maak ik.
Susi: Geev mi den Klever !
Till: Hier hest den.
Susi: Sett di hen !
Till: Jo, dat maak ik.

(siehe oben)

Memory: 2x kopieren und ausschneiden. 2 – 3 Kinder spielen zusammen. Die Karten sollten immer an derselben Stelle liegen und zurückgelegt werden. Ansonsten verwirrt es die Kinder. Beim Umdrehen sollte immer der Begriff genannt werden.

Obst un Tahlen

Lex 3

Siehe S.12: Mit Bildkarten in der Größe DIN A 5 (Zahlen bitte in der Größe DIN A 6) führt der Lehrer die Begriffe ein. Dann schlagen die Schüler das Buch auf. Der Lehrer sagt die Wörter und die Schüler zeigen darauf. Zeitverzögert zeigt der Lehrer darauf. Vergleichen. Dann werden die Nummern nach Ansage des Lehrers eingetragen. Nummer 1 ist die 5 und Nummer 2 ist die 6, usw.

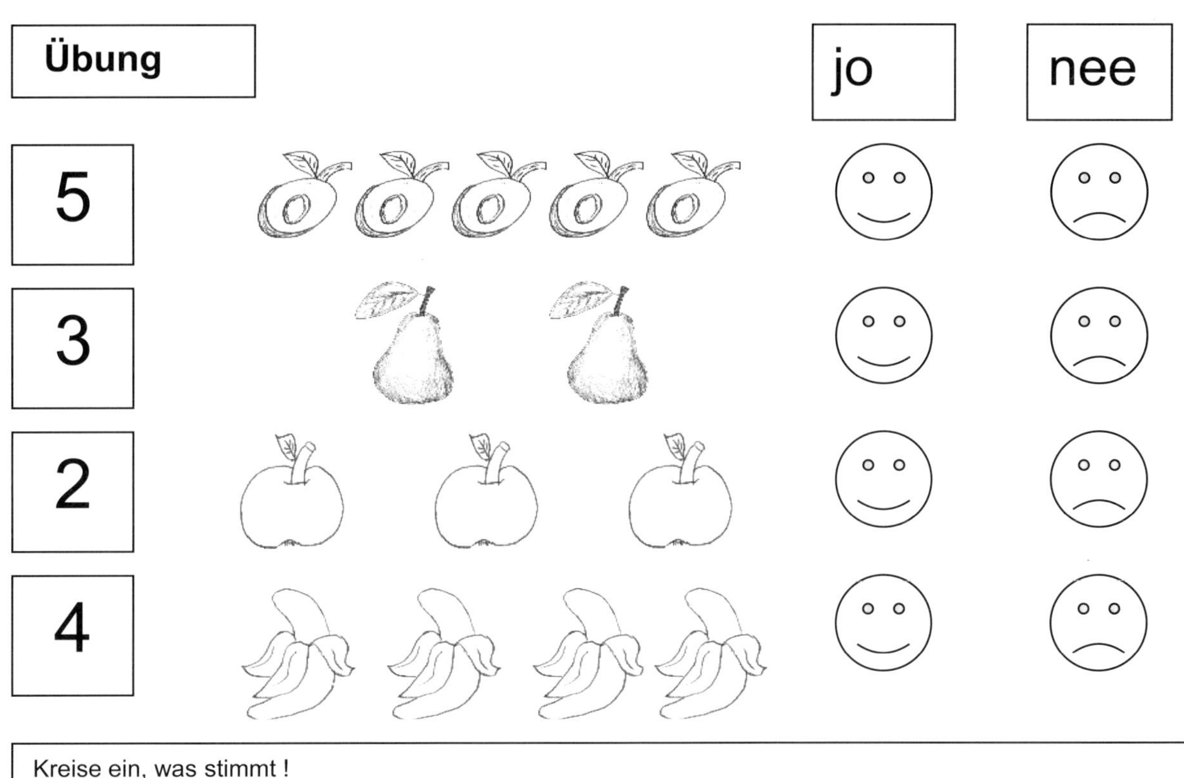

Kreise ein, was stimmt !

1. Stunde

Lex 3

Leed (Spreekgesang: pa, pa, kla, Paus)

1.

II: Appels sünd root.

II: Bananen sünd geel.

II: Plumen sünd blau.

II: Beren sünd gröön.

2.

II: Ik eet´n Appel.

II: Bananen mag ik nich.

II: Plumen mag ik ok woll.

II: Beren mag ik nich.

1. Stunde

1. Schüler gehen herum und fragen: Magst du Beren ? (Appels, Bananen, Plumen) Sie tragen das in der Tabelle ein. Vorher intensiv erklären und vormachen. Tafelbild dazu erstellen. Zusammen auswerten: Piet mag Beren, Bananen un Plumen. He mag kiene Appels.

Piet				

2. Stunde

Röög-di-Geschicht

Lex 3

1. De Boor mag Appels. (4)
2. De Katt mag kiene Bananen. (2)
3. De Jung mag Plumen. (3)
4. Dat Wicht/De Deern mag kiene Beren. (1)
5. Dat Wicht/De Deern mag Appels.

(siehe S. 8. Dann macht die Lehrkraft oder ein Schüler/eine Schülerin noch folgende Übung: Er/sie macht nur die Bewegung vor. Die Kinder sagen den Satz. Das ist sehr schwer. Oder: Der Lehrer/die Lehrerin sagt nur den Satz und die Kinder machen die Bewegung und sagen den Satz.)

# De Ruup hett Smacht	**Lex 3**

Mit Hilfe von Geschichtenkarten wird die Geschichte vom Lehrer erzählt. Diese Karten sind DIN A 4 groß und werden nacheinander an der Tafel befestigt. Der Lehrer wiederholt die Geschichte, die Kinder sprechen möglichst mit und nach. Das wird öfter wiederholt. Dann wird das Buch aufgeschlagen und der Lehrer erzählt mit Hilfe der Kinder die Geschichte nochmals. Die Kinder zeigen mit. Zuletzt malen die Kinder die Bilder an. Von der Raupe kann auch eine Stabpuppe angefertigt werden. Damit wird die Geschichte evt. nochmals gespielt. Oder die Kinder spielen das selbst als Rollenspiel. Das Obst liegt nacheinander auf einem Tisch. Ein Kind geht von einem Obst zum nächsten und sagt den Satz dazu. Ik eet een Beer. Ik eet een Pluum. Ik eet een Appel. Ik eet een Banaan. Oder auch: De Ruup ett...

Snacken

Bernd : Ik mag geern Bananen.
Un du ?

Beate: Ik mag geern Bananen un Appels.

Bernd: Ik mag geern Bananen, Appels un Plumen.

Beate: Ik mag geern Bananen, Appels, Plumen un Beren.

(siehe S. 10, Obst mitbringen)

Snacken

Tim: Ik hebb 3 Bananen in mien Korf.

Thea: Un wat noch ?

Tim: Ik hebb 5 Appels in mien Korf.

Thea: Un wat noch ?

Tim: Ik hebb (ok noch) 3 Plumen in mien Korf.

s.o., Einen Korb mit dem Obst mitbringen.

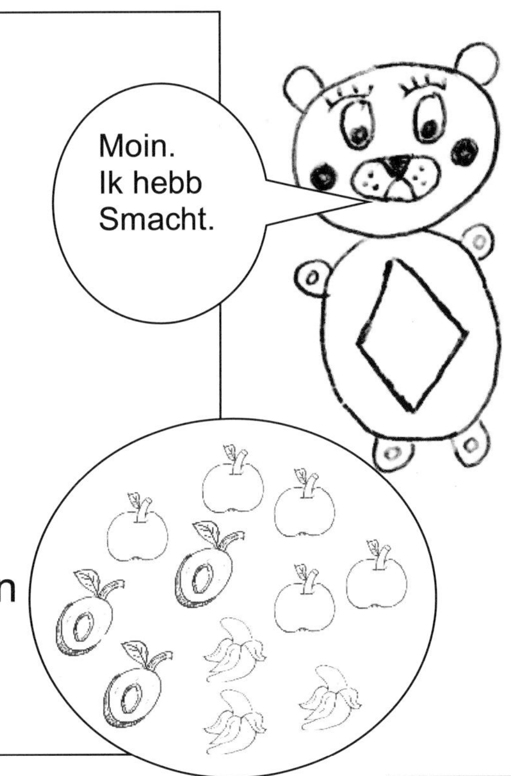

Deerten

Lex 4

Siehe S.12: Mit Bildkarten (DIN A 5) von den Tieren werden die Wörter eingeführt.
Die Schüler schlagen diese Seite auf. Der Lehrer sagt die Wörter, die Kinder zeigen darauf, der Lehrer zeigt zeitverzögert auf die Lösung. Dann werden die Nummern gesagt und die Schüler tragen diese ein. Die Tiere können angemalt werden.
Dat Peerd, de Peer, de Hund, de Hunnen, de Muus, de Müüs, de Haas, de Hasen, de Katt, de Katten, de Slang, de Slangen

Leed **(Melodie: Old Mac Donald had a farm, Musik: trad.)**

Schmitts de hebbt masse Deerten, ia, ia, ho.
De hebbt ok Katten un ganz vele Müüs, ia, ia, ho.
Mit een miau, miau hier un een miau, miau dor
Miau, miau, miau, miau överall miau, miau.
Schmitts de hebbt masse Deerten, ia, ia, ho.

Schmitts de hebbt masse Deerten, ia, ia, ho.
De hebbt ok Hunnen un ganz vele Hasen, ia, ia, ho.
Mit een wau, wau hier un een wau, wau dor
Wau, wau, wau, wau överall wau, wau.
Schmitts de hebbt masse Deerten, ia, ia, ho.

Schmitts de hebbt masse Deerten, ia, ia, ho.
De hebbt ok Slangen un ganz vele Peer, ia, ia, ho.
Mit een z z hier un een z z dor
z , z, z, z, överall z, z.
Schmitts de hebbt masse Deerten, ia, ia, ho.

1. Stunde

Leed

Lex 4

Up dat Sofa, up dat Sofa..

(Melodie: Auf der Mauer, auf der Lauer...
diese Melodie: mündlich überliefert)

Up dat Sofa, up dat Sofa sitt´n dicket Peerd.
Up dat Sofa, up dat Sofa sitt´n dicket Peerd.
Kiekt jo mal dat Peerd an,
wat dat Peerd danzen kann.
Up dat Sofa, up dat Sofa sitt´n dicket Peerd.

Up dat Sofa, up dat Sofa sitt ´ne dicke Katt.
Up dat Sofa, up dat Sofa sitt ´ne dicke Katt.
Kiekt jo mal de Katt an,
wat de Katt danzen kann.
Up dat Sofa, up dat Sofa sitt ´ne dicke Katt.

Up dat Sofa, up dat Sofa sitt´n dicken Hund.
Up dat Sofa, up dat Sofa sitt´n dicken Hund.
Kiekt jo mal den Hund an,
wat de Hund danzen kann.
Up dat Sofa, up dat Sofa sitt´n dicken Hund.

Up dat Sofa, up dat Sofa sitt´ n dicken Haas.
Up dat Sofa, up dat Sofa sitt´ n dicken Haas.
Kiekt jo mal den Haas an,
wat de Haas danzen kann.
Up dat Sofa, up dat Sofa sitt´n dicken Haas.

Up dat Sofa, up dat Sofa sitt ´ne dicke Muus.
Up dat Sofa, up dat Sofa sitt ´ne dicke Muus.
Kiekt jo mal de Muus an,
wat de Muus danzen kann.
Up dat Sofa, up dat Sofa sitt´ne dicke Muus.

Up dat Sofa, up dat Sofa sitt ´ne dicke Slang.
Up dat Sofa, up dat Sofa sitt ´ne dicke Slang.
Kiekt jo mal de Slang an,
wat de Slang danzen kann.
Up dat Sofa, up dat Sofa sitt´ne dicke Slang.

2. Stunde

Lex 4

1. Der Lehrer fragt: Wo veel Slangen sünd dor ? Usw.
2. Maal de Hasen bruun an ! Usw.
3. Partnerarbeit: Ein Schüler zeigt, der andere Schüler sagt die Anzahl und das Tier/ die Schulsache.
   (Klevers, Scheren, Feddermappen, Müüs, Hasen, Böker, Schooltaschen, Schrievers, Peer, Hunnen, Katten)

Röög-di-Geschicht

Lex 4

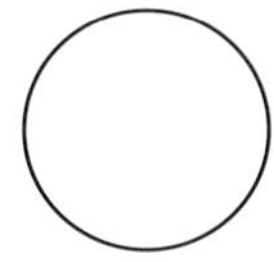

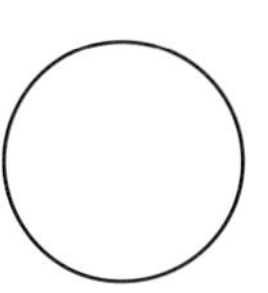

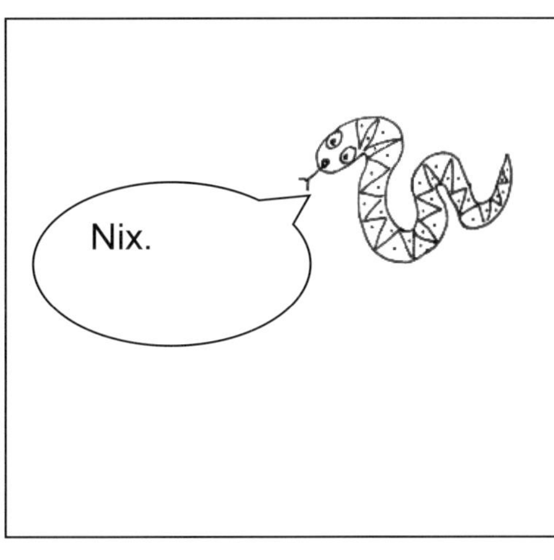

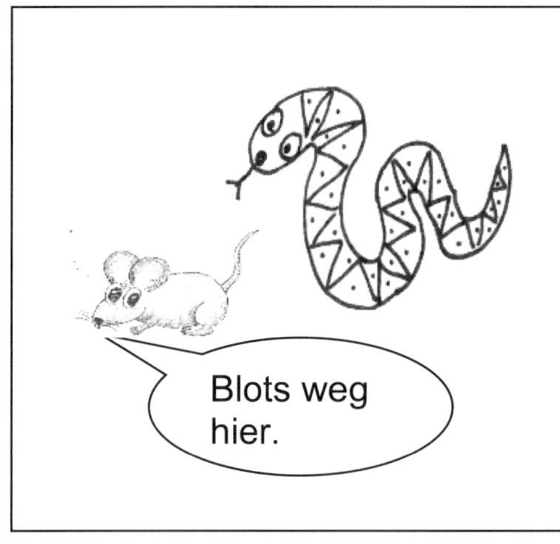

1. De Slang hett Smacht. (2)
2. Se söcht överall na Freten. (4)
3. Se find nix. (3)
4. Se will de Muus freten. (1)
5. De Muus löppt weg.
6. De Slang frett een Ei.

(siehe S. 8, Dann macht der Lehrer/die Lehrerin noch folgende Übung: Er/sie macht nur die Bewegung vor. Die Kinder sagen den Satz. Das ist sehr schwer. Oder: Die Lehrkraft/ ein Schüler/ eine Schülerin sagt nur den Satz und die Kinder machen die Bewegung und sagen den Satz.)

Übung

Lex 4

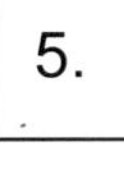

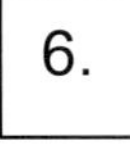

So vele Deerten !
Wecke magst du lieden ?

1. Welche Tiere hat Nummer 3 ? Usw.
2. Der Lehrer/ ein Schüler nennt die Tiere und die Kinder sagen die Nummer von der Person.

Lex 4

De Slang söcht Freten

Haas, wacht, ik will di freten !

Man gau weg !

Peerd, wacht, ik will di freten !

Pah, gah weg !

Katt, wacht, ik will di freten !

Ik kann di woll freten !

Hund, wacht, ik will di freten !

Ik kann di woll bieten. Gah weg !

Muus, wacht, ik will di freten !

Ik loop weg !

Aufgabe: Die Kinder erhalten Masken und die Schlange spricht sie nun der Reihe nach an. Der Lehrer spricht den Kindern immer einen Teil des Satzes vor, den sie nachsprechen können.

In fast jeder Reihe passt eins nicht. Die Schüler sollen das herausfinden und durchstreichen. Die Reihen werden nochmals aufgesagt und können angemalt werden.

Snacken

Sabrina: Moin.
Steffen: Moin.
Sabrina : Wi köönt mit us Katt spelen .
Steffen: Jo.
Sabrina: Wi köönt mit us Hund spelen.
Steffen: Jo.
Sabrina: Wi köönt mit use Hasen spelen.
Steffen: Jo.
Sabrina: Wi köönt mit us Slang (Peerd) spelen.
Steffen: Nee. Lever nich.

(siehe S. 10, Die Tiere als Plüschtiere mitbringen.)

Snacken

Tim: Moin.
Thea: Moin, Tim.
Tim: Wat frett dien Muus ?
Thea: Weet ik nich. Appels ?
(Alternative : De Muus frett Appels. Die Maus zu dem Apfel legen.)
Tim: Wat frett dien Haas ?
Nils: Weet ik nich. Plumen ?
(Alternative : De Haas frett Plumen. Den Hasen zu der Pflaume legen.)
Tim: Wat frett dien Katt ?
Malte: Weet ik nich. Bananen ?
(Alternative : De Katt frett Müüs. Die Katze zu der Maus legen.)
Tim: Wat maakt dien Hund ?
Sibo: De is weg.
(Das evt. weglassen oder: De Hund frett Beren.)

(s.o., Obst und Plüschtiere mitbringen und diesen Dialog ruhig verändern. Die Kinder können das Obst und die Tiere so zuordnen, wie sie wollen. Der Satz muss gesagt werden, egal ob es Sinn macht oder nicht. Gut ist, wenn man mehrere Kinder einbindet.)

Moin.
De Hund
is weg.

Male das Bild fertig ! Die fehlenden Tiere dazu malen.

Spelen

Lex 5

1 2 3 4 5 6	Dat is en Computer. Dat is en Iesenbahn. Dat is en Popp. Dat is en Auto (Fohrtüüch). Dat is en Fohrrad. Dat is en Ball.	gröön root geel bruun swart blau

Siehe S.12: Der Lehrer führt die Begriffe mit den Bildkarten ein. Intensiv üben. Dann wird das Buch aufgeschlagen. Der Lehrer sagt das Wort, die Schüler wiederholen und zeigen auf den Gegenstand. Zeitverzögert zeigt der Lehrer die Lösung. Dann wird das unten gelesen. Die Zahlen werden eingetragen und alles angemalt.

Spelen

Fred

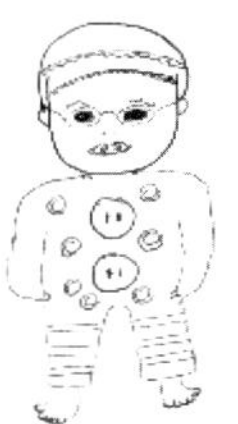

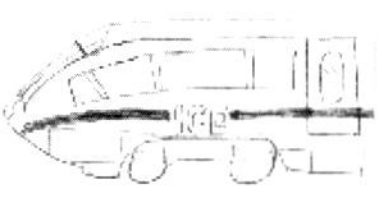

Manni

Finn

Womit speelt......geern ? He speelt geern Football, mit Autos, mit en Popp, mit´n Computer, mit´n Ball, mit de Iesenbahn, He fohrt geern Fohrrad ...

Wat ik geern do ?

(Melodie: Ein Schneider fing ´ne Maus, Volksweise, Anfang 19. Jh.)

Mit Autos speel ik geern.
Mit Autos speel ik geern.
Mit Autos speel jo so geern.
Mi, ma, jo so geern.
Mit Autos speel ik geern.

Un Football speel ik geern.
Un Football speel ik geern.
Un Football speel jo so geern.
Mi, ma, jo so geern.
Un Football speel ik geern.

Fohrrad fohren maakt Spaaß.
Fohrrad fohren maakt Spaaß.
Fohrrad fohren maakt jo so´n Spaaß.
Mi, ma, jo so´n Spaaß.
Fohrrad fohren maakt Spaaß.

Spelen

Lex 5

Die Kinder zählen die einzelnen Gegenstände und tragen oben die Zahl ein. Sie können dann alles anmalen. Snacken: Dor sünd _____Computers, Iesenbahnen, Fohrrööd, Autos, Poppen, Ballen.					

Röög-di-Geschicht

Lex 5

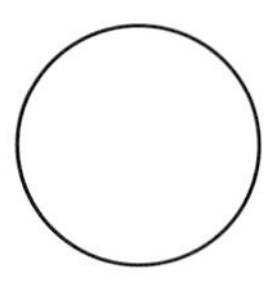

1. Ik speel mit de Iesenbahn. (4)
2. Ik fohr Fohrrad. (2)
3. Ik speel mit de Autos. (1)
4. Ik speel mit de Popp Nana. Un du ? (3)
5. Ik maak nix. Ik slaap.

(siehe S. 8, Dann macht der Lehrer/die Lehrerin noch folgende Übung: Er/sie macht nur die Bewegung vor. Die Kinder sagen den Satz. Das ist sehr schwer. Oder: Der Lehrer/die Lehrerin sagt nur den Satz und die Kinder machen die Bewegung und sagen den Satz.)

De Haas un de Swienegel

Lex 5

Een Haas un een Swienegel wullen um ´e Wett lopen. De Haas tellde: „1,2,3 un leep los. “

De Swienegel leep blots 3 Meter. An ´n Een von dat Feld was de Swienegelfro un see: „Ik bün al dor.“

De Haas reep: „Noch eenmal ! “ Un he leep weer los.

De Swienegel reep: „Ik bün al dor. “ Un de Haas reep: „Noch eenmal ! “ Un he leep weer los.

De Haas leep 73 Mal. Bi dat 74. Mal full de Haas umkopp. He kunn nich mehr. De Swienegel harr wunnen.

Frei erzählt nach den Gebrüdern Grimm.

Die Geschichte wird mit Hilfe eines Kniebuches erzählt. Man kann auch Geschichtenkarten nehmen. Der Text steht auf der Rückseite. Mehrfach wird die Geschichte erzählt und eingängige Sätze vom Lehrer (auch teilweise) ausgelassen und die Kinder versuchen dieses zu ergänzen. Rollenspiel: Die Kinder bekommen Handpuppen (Stabfiguren) und spielen die Geschichte hinter der Tafel vor oder die Kinder bekommen Masken und spielen es vor. Der Lehrer flüstert die Sätze ein. Die Geschichte kann als kleines Büchlein ausgeteilt und angemalt werden.

Snacken

Felix: Kumm her, Finn.
Wi speelt Verstoppen.
Finn: Worüm ?
Felix: Dat maakt Spaaß !
Finn: Jo.
Felix: Jo. Kumm her !
Finn: Hebb kien Lust.
Felix: Dann nich.

(siehe S. 10, Das Spiel „Verstoppen“ erklären.)

Snacken

Fabian: Laat us Ticken spelen.
Finn: Jo.
Fabian: Jo.
Du büst de Ticker. Tick.

Finn : Ik krieg di. Tick.
Fabian: Ik krieg di. Tick.

Tim: Ik speel mit.
Finn: Ik krieg di. Tick.

Mama: Nu is Schluss! Kaamt rin!

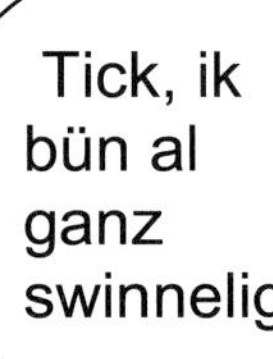

(Siehe oben, Das Spiel „Ticken“ erklären.)

Mien Speelplatz

Lex 5

Maal dat Bild fardig !

4. Stunde

Bliev fit

Lex 6

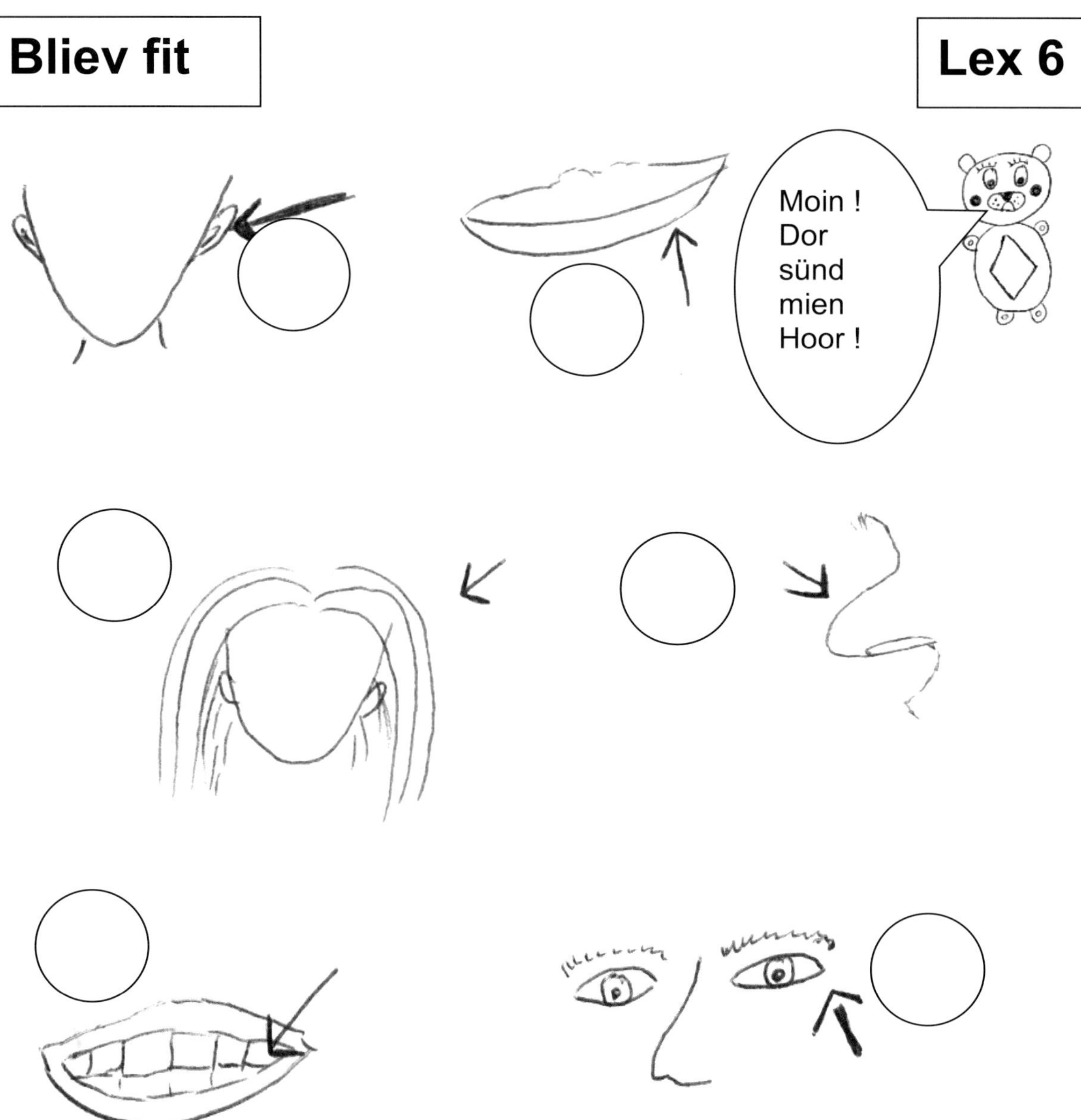

Siehe S.12: Mit Bildkarten in der Größe Din A 5 werden die Begriffe eingeführt. Nach der intensiven Einführung kann noch folgende Übung gemacht werden: Ein Kind kommt nach vorne: Die Lehrkraft sagt den Begriff, das Kind zeigt darauf und sagt den Begriff, alle Kinder sagen nochmals den Begriff. Mehrere Kinder drannehmen.

Leed: **(Melodie von: Fuchs, du hast die Gans gestohlen, Volksweise)**

Ik hebb ganz veel Hoor, ´ne Nees hebb ik ok
Un Tähnen, un Tähnen sünd in mien Mund.
Un Tähnen, un Tähnen sünd in mien Mund.

De Oogen sünd ok dor un Ohren sünd an Kopp,
Un glöövt mi, glöövt mi, de sünd ok ganz fast.
Un glöövt mi, glöövt mi, de sünd ok ganz fast.

An Kopp is allens dor, of een, of twee, of dree,
Dree Hoor, een Nees un Tähnen wunnerbor.
Dree Hoor, een Nees un Tähnen wunnerbor.

Übung **Lex 6**

1. 

2. 

3. 

4. 

5. 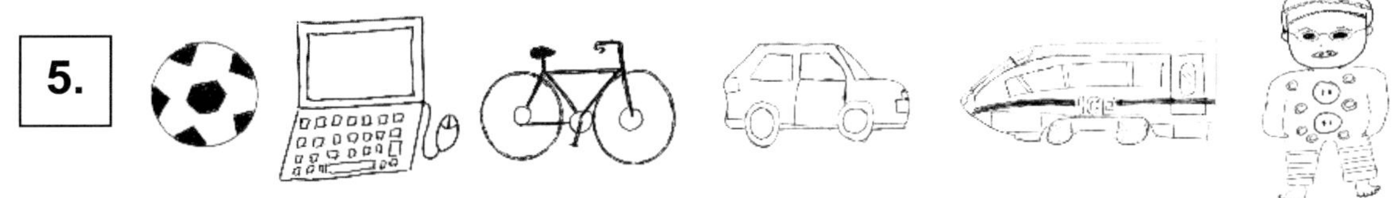

6. 

Die Schüler sagen die Reihen auf. Variante: Man kann sich auch im Kreis hinsetzen/hinstellen, einen Ball zuwerfen und der Lehrer sagt das Thema, z.B. Schule. Dann muss das Kind mit dem Ball Wörter zum Thema Schule sagen, usw.

1. Übung

Lex 6

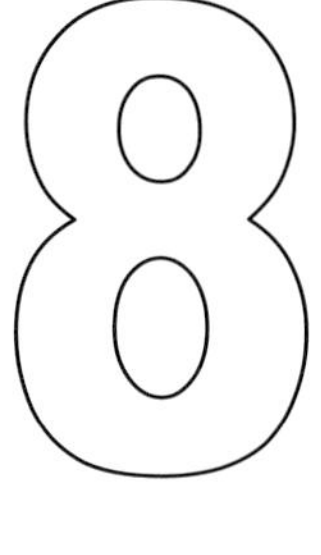
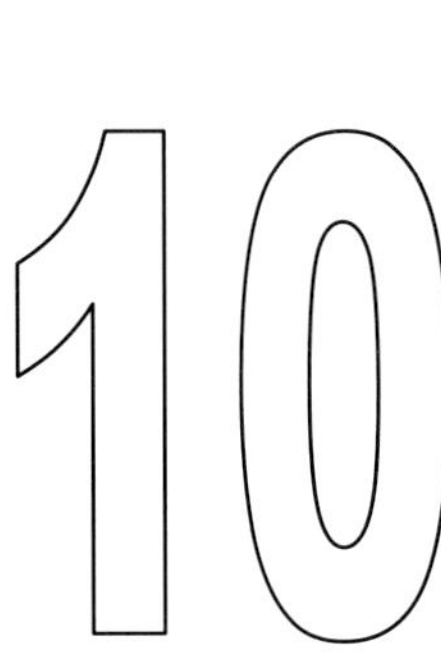

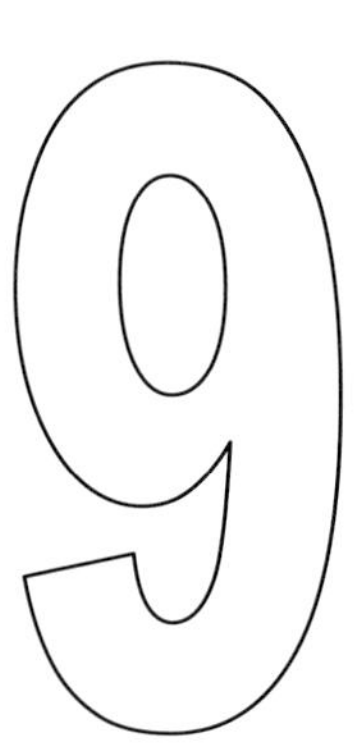

Die Zahlen mit Bildkarten (DIN A 6) einführen. Die Zahlen von 1 bis 6 wiederholen.

---

2. Übung

jo | **nee**

10    

6     

9 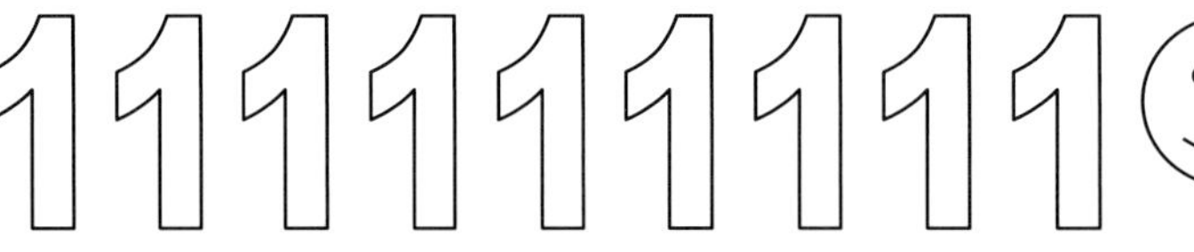 

4 

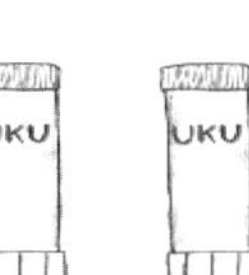

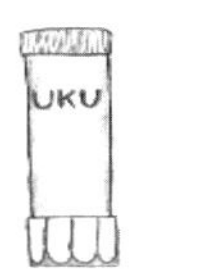

10 9 9 9 9 9 9 9 9 9 9 

7    

Kreise ein, was stimmt: Sünd dat 10 Appels ? Jo. Nee. Dat sünd ......
(Ballen, Negens, Klevers, Een, Hasen, Appels, Ballen)

Röög-di-Geschicht

Lex 6

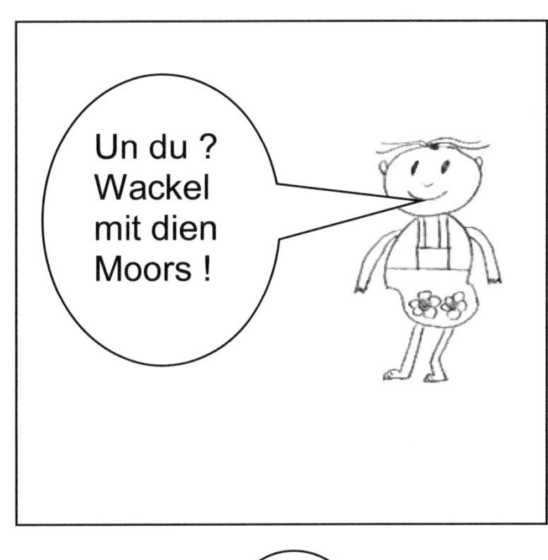

1. 1,2,3, gah in´e Knee ! (4)
2. Do de Arms hoch ! (1)
3. Snipp mit de Fingers !
4. Klatsch in´e Hannen !
5. Loop up´e Steed ! (2)
6. Wackel mit dien Moors ! (3)

(siehe S. 8 und S. 36)

Sketch

Lex 6

Bi den Kusendokter

Tom:	**Moin, Dokter Belani**
Dr. Belani:	**Moin Tom.** **Wo kellt di dat denn ?**
Tom:	**Egentlich nargends.** **Aver egentlich doch.**
Dr. Belani:	**Maak mal dien Mund apen.** **Ik kiek mal.**
Tom:	**Aver.....**
Dr. Belani:	**Ik seh nix.** **De Tähnen sünd all goot.**
Tom:	**Aver.....**
Dr. Belani:	**Ik kiek noch eenmal.**
Tom:	**Aver.....**
Dr. Belani:	**Dor is ümmer noch nix.**
Tom:	**Segg ik doch.**
Dr. Belani:	**Wat maakst du denn hier ?**
Tom:	**Mien Fründin hett seggt:** **Gah na Dokter Belani.** **De hett so lecker Bontjes.**
Dr. Belani:	**Du büst mi jo een. (He mutt lachen)** **Hier hest du 8 Bontjes.** **Tschüüs ok.** **Un gröte dien Fründin.**

Zuerst erzählt der Lehrer den Inhalt des Stückes, auch auf Hochdeutsch. Der Lehrer spricht den Text vor und die Schüler sprechen nach und spielen das Stück.

Snacken

Bi´n Dokter

Chris: Ik hebb Buukpien.
Mama: Laat us na´n Dokter gahn.
Chris: Moin, Dokter Gerdes.
Dokter: Moin, mien Jung.
Wat is mit di ?
Chris: De Buuk, de Buuk !
Dokter: Maak dien Büxenknoop apen! (So tun, als ob man das macht.)
Drink di man en Tass Tee.
Dat helpt.
Chris: Is al veel beter.

(siehe S. 10, Zuerst die Geschichte erzählen. Evt. mit Finn vormachen.)

Snacken

De Kurs: **Bliev fit**

Fitmaker: Un in´e Knee !
Un dat teihnmal.
Un dat rechte Been hoch !
Un dat negenmal.
Up de Steed lopen.
Un drocker worrn.
Un de Arms dreihn !
Un dat achtmal.
Un de Kopp na de Siet dreihn.
Un dat sövenmal.

Die Lehrerin spricht der Fitnesstrainerin das vor und macht auch die Bewegung. Die Fitnesstrainerin spricht das nach und macht das vor. Alle Kinder stehen vor ihr und sprechen und machen das nach. Wichtig ist, dass die Kinder mitsprechen. Dann wird ein anderes Kind Fitnesstrainerin.

Wat för Knallköpp !!!

Lex 6

__________Hoor
__________Oogen
__________Nesen
__________Münner
__________Ohren
____

__________Hoor
__________Oog
__________Nesen
__________Mund
__________Ohren
__________Tähnen

__________Tähnen
__________Oogen
__________Nesen
__________Mund
__________Ohren
____

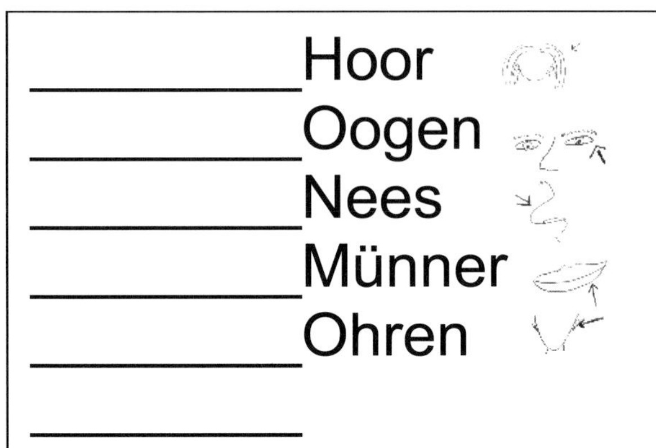

__________Hoor
__________Oogen
__________Nees
__________Münner
__________Ohren
____

Weer

Lex 7

De Sünn schient.	Sünn
Dat is wulkig.	Regen
Dat is windig	Snee
Dat sneet.	Wind
Dat regent.	Wulken

1. Stunde

Lex 7

De Regenrap (Spreekgesang: pa, pa, kla, Pause)

1. Buten is dat koolt, wi sitt hier in´t Huus
Wann kummt denn nu weer de Sünn rut ?

Refrain:
Regen, Regen, schall uphöör´n, schall uphöör´n.
Regen, Regen, schall uphöör´n, schall uphöör´n.

2. Storm, Regen, düchtigen Wind,
dat köönt wi eenfach nich mehr af.

Refrain:
Regen, Regen, schall uphöör´n, schall uphöör´n.
Regen, Regen, schall uphöör´n, schall uphöör´n.

3. Immer in´t Huus, dat is doch to dumm,
wi kriegt de Tiet bold nich mehr rüm.

Refrain:
Regen, Regen, schall uphöör´n, schall uphöör´n.
Regen, Regen, schall uphöör´n, schall uphöör´n.

4. Un is de Regen up eenmal vörbi,
dann sünd wi ok nich mehr vergrellt.

Refrain:
Regen, Regen, hett uphöört, hett uphöört.
Regen, Regen, hett uphöört, hett uphöört.

Maal en Regenbild !

1. Stunde

Lex 7

Klanggeschicht

Tim in Regen

Tim nimmt sien Schooltasch un geiht los.	Klanghölzer
He maakt de Döör to.	Trommel
Tim geiht na de Bushaltesteed.	Klanghölzer
Dat fangt an to regen.	Regenmacher
De Bus kummt.	Glockenspiel
Tim stiggt in.	Klanghölzer
Dat Radio speelt lude Musik.	Glockenspiel: freie Melodie spielen.
He stiggt ut.	Klanghölzer
De Wind weiht düchtig.	Mit Papier Wind machen
He geiht in dat Schoolhuus.	Klanghölzer
He seggt „Moin“ to sien Schoolmester.	Moin seggen.

Diese Klanggeschichte wird zunächst auf Hochdeutsch oder Plattdeutsch erzählt. Dann kann man zuerst mit Körperpercussion die Klanggeschichte begleiten. Die Kinder machen die Geräusche, müssen aber auch den Satz dazu sagen. Der Lehrer spricht vor und die Schüler danach. Dann werden die Instrumente verteilt und die Kinder setzen sich auch in dieser Reihenfolge hin. So weiß jeder, wann er dran ist. Und los geht es !
(Tipp: Die Instrumente zunächst mit einem Tuch verdecken.)

Röög-di-Geschicht

Lex 7

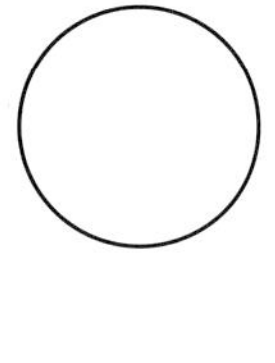

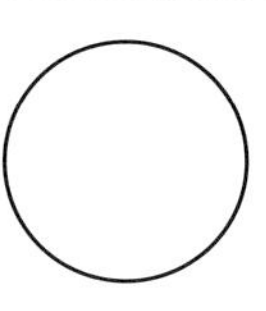

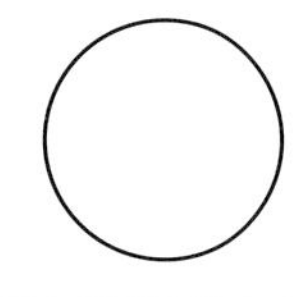

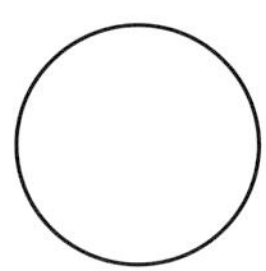

1. Et regent. (3)
2. Tom löppt na Huus. (4)
3. To Huus drinkt he een Tass Tee. (1)
4. De Katt steiht för de Döör.
   Oh, Pussy, wat büst du natt ! (2)

(siehe S. 8 und S. 36)

1. Übung

Lex 7

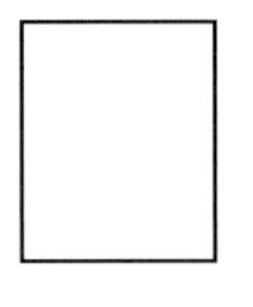   

1. Übung: Der Lehrer sagt eine Nummer und das Wetter an. Die Kinder schreiben die Nummer in die richtige Reihe. 2. Nun beschreiben die Kinder das Wetter. Die Kinder sagen die Nummer.

3.Übung: Male das Bild fertig.

Sketch

Lisa: Wüllt wi vondoog spelen ?

Arthur: Mi is dat to koolt.

Lisa: Verstoppen spelen maakt Spaaß.

Arthur: Mi is dat to koolt.

Lisa: Wi köönt ok mit Lego spelen.

Arthur: Mi is dat to koolt.

Lisa: Dann kiekt wi Feernsehn.

Arthur: Mi is dat to koolt.

Lisa: Wi köönt ok mit diene Autos spelen.

Arthur: Mi is dat to koolt.

Lisa: Dann treck di doch wat an.

Arthur: Dann is mi dat to warm.

Lisa: Oh, ha. Mit di is nich veel antofangen.

Arthur: Nee. Mi is dat ok to koolt.

Den Sketch kann man auch kürzen und verlängern, je nachdem wie leistungsstark die Gruppe ist.

Snacken

Toni: Du, ik hebb en Boomhuus.
Uta: Jo.
Toni: Dor köönt wi spioneren.
Uta: Jo. Wat denn ?
Toni: Wat de Naver maakt.
Uta: Wat maakt de ?
Toni : Du Dööskopp, dat seht wi dann.
Uta: Will ik nich weten.
Spioneren is doof.

(siehe S. 10)

Snacken

Oma: Dat schall regen.

Emma: Nee, de Sünn schall schienen.

Oma: Kiek, dor sünd de swarten Wulken.

Tim: Un Wind kummt up.

Oma: Dat regent al.
Wat ik di seggt hebb.

Dieser Dialog sollte mit Bewegungen verbunden werden. Wir üben die Sätze mit Bewegung ein, bevor die Kinder das vorspielen und sprechen. Der Lehrer flüstert immer die Sätze ein, wenn die Kinder nicht weiter wissen.

Eten

Lex 8

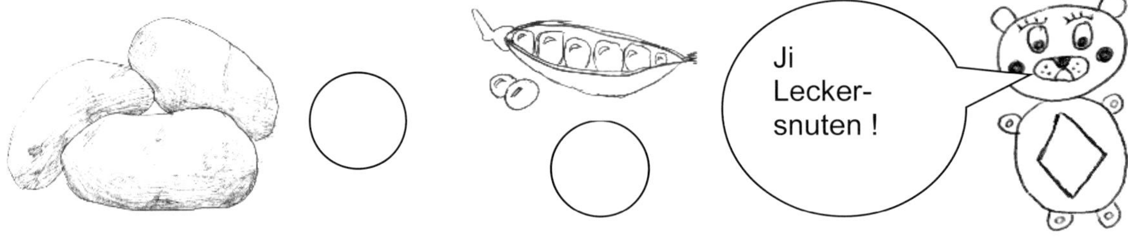

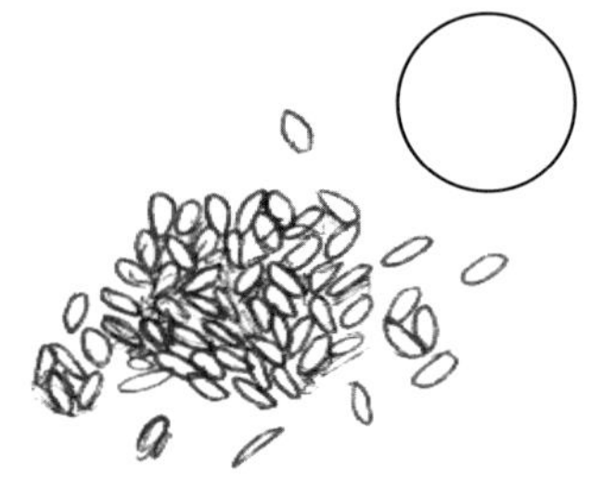

1. Sopp

2. Sooß

3. Kartuffeln

4. Arfen

5. Ries

6. Braden

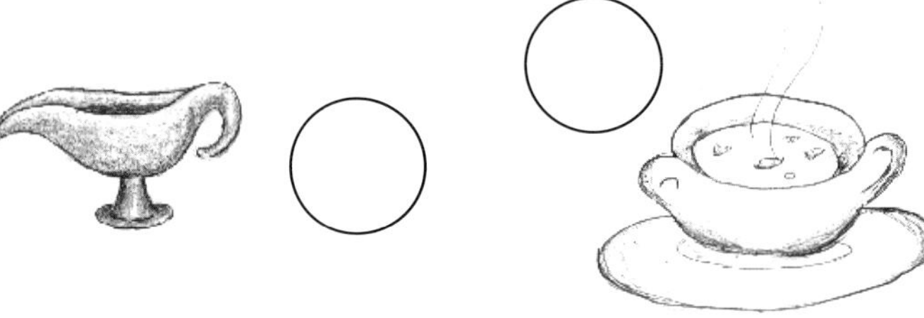

Spreek: Tom mag .....

1. Stunde

Eten

Lex 8

Leed:

Melodie: I like the flowers..., aus England überliefert.

Ik mag Kartuffeln.
Ik mag Sooß.
Ik mag Braden.
Ik mag Ries.
Ik mag Arfen.
Un ok Sopp.
II : Dat smeckt goot. Dat smeckt goot.
Dat smeckt goot. Dat smeckt goot.

Das Lied mit Bewegung einüben. Vorschläge der Kinder aufgreifen.

Spreekgesang

Ik mag Pizza.
Wat magst du ?

Ik mag Pommes.
Wat magst du ?

Ik mag Döner.
Wat magst du ?

Mi smeckt Pizza.
Wat smeckt di ?

Mi smeckt Pommes.
Wat smeckt di ?

Mi smeckt Döner.
Wat smeckt di ?

Ik eet Pizza.
Wat ettst du ?

Ik eet Pommes.
Wat ettst du ?

Ik eet Döner.
Wat ettst du ?

Ik bün satt.
Ik eet nix mehr.

Ik bün satt.
Ik eet nix mehr.

Rhythmus: 1, 2, 3, Pause. Diesen Rhythmus mit beiden Händen auf die Oberschenkel schlagen. Bei Pause klatschen. Alles mitsprechen !

1. Stunde

1.

2.

3.

4.

5.

6.

7.

Die Schüler sagen die Reihen auf. Variante: Man kann sich auch im Kreis hinsetzen/hinstellen, einen Ball zuwerfen und der Lehrer sagt das Thema, z.B. Schule. Dann muss das Kind mit dem Ball Wörter zum Thema Schule sagen, usw.

Tom

1.

Papa

Finn

Dat bün ik.

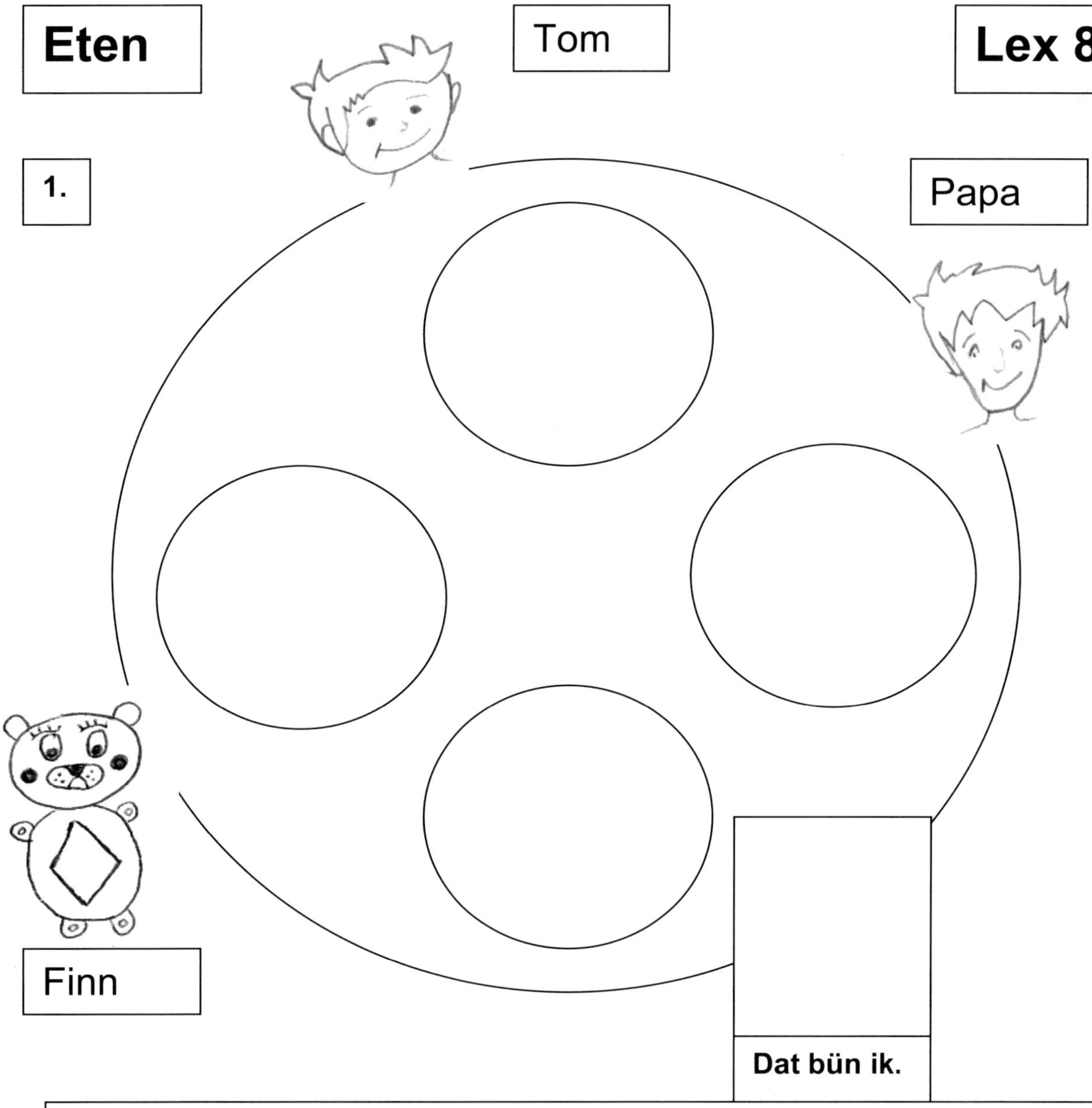

Alle sitzen am Tisch. Was essen sie gerne ? Male das auf die Teller !
Nun erzähle dazu: Finn ett geern..., Ik eet geern....

2. Wat Finn geern mag ? Höör goot to !

(An der Tafel zunächst gut erklären.) Danach 2x sagen.

Röög-di-Geschicht

Lex 8

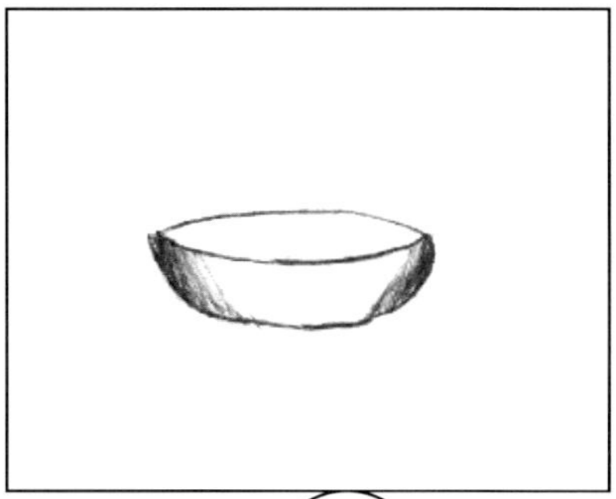

Lecker Spaghetti.

1. In´e Spieskamer steiht en Pott vull Spaghetti. (3)
2. Ik hebb Smacht. (4)
3. Ik gah eerst noch Football spelen. (2)
4. De Spaghetti sünd weg. (5)
5. Us Papa hett de eten. (1)

   Wat´n Pech ok !

(siehe S. 8 und S. 36)

Lex 8

Sketch

Eenmal wull Piet, dat Finn mit em na Huus hen schull. He wull mit em spelen. Mama harr seggt, he kunn ok miteten.

Piet: Du, Finn, magst du Braden ?

Finn: Jo, dat mag ik.

Piet: Magst du Sooß ?

Finn : Jo, dat mag ik.

Piet: Magst du Sopp ?

Finn : Jo, dat mag ik.

Piet: Magst du Arfen ?

Finn: Jo, de mag ik.

Piet: Magst du Kartuffeln ?

Finn: Jo, de mag ik.

Piet : Kumm mit. Kannst bi us miteten.
Un dann speelt wi.

Finn: Nee. Geiht nich.
Ik gah na Bea.
Dor gifft dat Pizza.

Piet: Ik kaam mit. Pizza mag ik ok.

Snacken

Pia: Mama hett Pannkoken backt.

Nils: Mag ik.

Pia: Kaam mit.

Nils: Jo.

Pia: Super ! Dann speelt wi.
(Pizza, Pommes,
Hamburger, Hot Dogs maakt)

(siehe S. 10)

Snacken

Pia: Ik eet veel.

Nils: Ik eet wenig.

Peter: Ik hebb Smacht.

Nora: Ik hebb Döst.

Sara: Jeder is anners.
Wi sünd Frünnen. Kiek.
(Stellen sich in einen Kreis und werfen die Hände hoch bei: „ Kiek !“)

Wo sühst du
denn ut ?
Blau, geel,
gröön, dick,
fien, swart ?

Dieser Dialog sollte mit Bewegungen verbunden werden. Wir üben die Sätze mit Bewegung ein, bevor die Kinder das vorspielen und sprechen. Der Lehrer flüstert immer die Sätze ein, wenn die Kinder nicht weiter wissen.
(siehe oben)

Faltet und gestaltet einen Drachen aus Papier und macht aus Transparentpapier (gefaltet) Schleifen daran !

Halloween

Klebe das Haus und den Kürbis, das Gespenst und die Katze auf Fotokarton.
Male es dann an und schneide es aus ! Du kannst die Figuren mit Bändern an das Haus hängen oder draufkleben und es als Mobile verwenden.

Singt de bekannten Laternenleder !
Ji find de seker ok up Platt in´t Internet.

Fingerspill to´n Sünnerklaas

Den Sünnerklaas hebb ik sehn.	*(Mütze mit den Händen auf dem Kopf formen, auf sich selbst zeigen und eine Brille vor den Augen formen.)*
He is an us Huus vorbi gahn.	*(mit den Zeigefingern ein Haus mit Dach formen, die Finger in der Luft krabbeln lassen.)*
He nickkoppde un wunk mi	*(Mit dem Kopf nicken und mit den Händen winken.)*
un wees up mien Döör	*(mit dem Zeigefinger auf sich selbst zeigen, eine Tür mit den Zeigefingern andeuten.)*
un see kien eenzig Woort	*(Zeigefinger auf den Mund legen.)*
un up eenmal was he weg.	*(Hände ganz schnell auf den Rücken)*

Frohe Wiehnachten
un veel Glück in´t nee Johr
wünscht jo ______________

Wiehnachtsmann, kiek mi an

(Söökt jo en Gedicht to Wiehnachten un seggt dat up.)
(Kleevt dat hier in.)

Mögliche Aufgaben: Über Weihnachten sprechen, Gedicht zu Weihnachten sprechen und lernen, Weihnachtslieder singen, den Baum anmalen und mit schönem Baumschmuck versehen. (Boom, Wiehnachten, Boomsmuck, Kugeln, Hilligavend)

Frohe
Oostern
wünscht

Leed (Melodie: Bruder Jakob, Melodie: mündlich überliefert aus Lothringen)

De Haas

Ik bün en Haas,
ik bün en Haas.
Kiek, wat ik kann.
Kiek, wat ik kann.
1.Ik kann Wuddeln freten.
Ik kann Wuddeln freten.
Hier bi jo.
Hier bi jo.
2. Ik kann up en Been stahn.
3. Ik kann up twee Benen hüppen.
4. Ik kann miene Arms dreihen.
5. Ik kann di winken.
6. ...

Zuerst wird das Lied mit Bewegung gesungen. Danach können die Kinder ihren Osterhasen anmalen, ausschneiden auf Fotokarton kleben und als Bildgeschenk/Postkarte verschenken.